KB151298

존리와 함께 떠나는 부자 여행 ❹

채권이 뭐예요?

존리와 함께 떠나는 부자 여행 4
채권이 뭐예요?

초판 1쇄 인쇄 · 2022년 9월 21일
초판 1쇄 발행 · 2022년 9월 30일

지은이 · 존리
그린이 · 동방광석
펴낸이 · 이종문(李從聞)
펴낸곳 · 국일증권경제연구소

등 록 · 제406-2005-000029호
주 소 · 경기도 파주시 광인사길 121 파주출판문화정보산업단지(문발동)
서울시 중구 장충단로8가길 2(장충동1가, 2층)
영업부 · Tel 031)955-6050 | Fax 031)955-6051
편집부 · Tel 031)955-6070 | Fax 031)955-6071

평생전화번호 · 0502-237-9101~3

홈페이지 · www.ekugil.com
블 로 그 · blog.naver.com/kugilmedia
페이스북 · www.facebook.com/kugilmedia
E-mail · kugil@ekugil.com

• 값은 표지 뒷면에 표기되어 있습니다.
• 잘못된 책은 바꾸어 드립니다.

ISBN 978-89-5782-219-7(14320)
978-89-5782-187-9(세트)

존리와 함께 떠나는 부자 여행

존리 글 | 동방광석 그림

4권 채권이 뭐예요?

국일 증권경제연구소

차례

등장인물

지수, 지우, 민영, 율이에게 힘든 일이 생길 때마다 같이 고민하며 조언을 아끼지 않는 정신적인 버팀목이 되는 인물이다. 공원 옆의 작은 도서관에서 사서로 일하고 있다. 주식, 창업, 펀드, 채권 등의 분야에 매우 깊고 풍부한 지식을 지니고 있다. 어느날 오래된 할아버지의 채권을 발견한 지수에게 채권 투자의 가치와 올바른 투자 방법 등을 자세히 설명해 준다.

지수의 회사 동료다. 언제부터인가 회사에서 마주치게 된 지수에게 관심과 호의를 갖게 되고 점점 가까워지면서 지수의 꿈을 응원하고 다시 꿈을 찾을 수 있도록 도와준다. 지수가 채권에 관심을 갖고 있다는 것을 알고 채권에 대해 자세히 설명해 주는데, 어느날 지수 가족과의 얽힌 비밀을 알게 되면서 둘은 힘겨운 시간을 마주하게 된다.

오래전에 돌아가셔서 지수는 얼굴도 보지 못한 할아버지다. 다만 휴지 조각이 된 채권 때문에 상심한 나머지 건강이 악화되어 돌아가셨다는 사실만 아버지에게 들어서 알고 있다. 어느날 어렸을 때 그렸던 그림을 찾으려던 지수가 상자 안에서 오래된 채권과 할아버지의 노트를 발견한다. 노트에는 그 때의 할아버지 마음이 그대로 적혀 있는데…

아버지가 친구 회사에 투자한 채권이 휴지 조각이 되면서 가세가 기울어 어렵게 살았던 기억으로 채권이라면 머리를 절레절레 흔든다. 아버지가 화병으로 돌아가셨다고 생각하고 아버지의 친구를 원망하는 마음을 갖고 있다. 지수가 만나는 사람이 아버지 친구의 손자라는 것을 알고 크게 분노하며 둘 사이를 강하게 반대한다.

회사에 취직하여 안정된 생활을 하고 있지만, 마음 한구석에는 미래에 대한 불안과 자신의 오래된 꿈에 대한 열정과 열망이 자리 잡고 있다. 회사 동료인 동휘와 함께 디자인 전시회에 다녀온 후 디자이너에 대한 꿈이 꿈틀거리고 다시 시작할 용기를 얻는다. 디자인했던 그림을 찾다가 발견한 할아버지의 채권으로 인해 채권에 대해 알아가기 시작한다.

지수의 남동생으로 어린 나이에 인테리어 회사인 '지우의 세상'을 창업하여 일하고 있다. 돈을 벌어 부자가 되겠다는 확실한 인생의 목표를 가지고 언제나 씩씩하게 최선을 다하여 자신의 길을 가는 중이다. 누나가 악연으로 얽혀 있는 할아버지 친구의 손자를 만나는 것을 못마땅하게 여기고 크게 다투기도 한다.

지수의 둘도 없는 친구로 민영과 함께 지수와 어릴 때부터 친하게 지내고 마음을 이해해 주는 죽마고우다. 지수가 채권에 대해 알고자 할 때 같이 도서관도 가고, 지수가 힘들어할 때 진심으로 걱정하며 위로한다. 친구들의 고민을 함께 고민하고 해결해 주려고 하는 따뜻한 마음을 갖고 있다.

율이와 함께 지수의 오래된 친구다. 꿈꾸던 공무원 시험에 합격하여 공무원으로 일하고 있다. 꿈을 이루는 과정에서 힘든 일들을 겪으면서 친구들의 도움을 받았던 만큼 지수가 꿈을 향해 도전하는 것을 응원한다. 지수가 디자이너 공부를 하느라 바쁜 줄 알았는데 동휘와의 일로 힘들어 하고 있었다는 것을 알고 미안해 하며 지수에게 힘이 되고자 노력한다.

프롤로그

'일희일비(一喜一悲)'라는 사자성어가 있다. '한편으로는 기뻐하고 한편으로는 슬퍼함. 또는 기쁨과 슬픔이 번갈아 일어남'이라는 뜻이다. 부자가 되기 위한 투자를 할 때에 자주 인용되는 말이기도 하지만 인생을 논할 때에도 마찬가지다. 한 번은 기쁘고 한 번은 슬프다니, 이 기쁨과 슬픔의 묘한 얽힘을 다시 한번 생각하게 되는 요즈음이다.

그동안 나는 《존리와 함께 떠나는 부자 여행》 시리즈로 세 번의 여행을 떠났다. 혼자 하는 여행이 아니라 여러 사람과 함께 떠난 여행이다. 첫 번째 여행은 주식이 무엇인지 모르는 사람들과 함께 떠났고, 두 번째 여행은 취업만이 답이라고 생각하며 취업에 목매고 방황하는 사람들, 용기를 내어 창업을 알아보는 사람들과 더불어 떠났으며, 세 번째 여행은 펀드에 대해 궁금해하는 사람과 같이 떠났다. 《존리와 함께 떠나는 부자 여행》 시리즈가 어느덧 네 번째 여행을 떠나게 되었다.

4권 《채권이 뭐예요?》는 주식과 창업, 펀드에서 한 걸음 더 나아가 채권에 대한 이야기다. 《채권이 뭐예요?》는 바늘구멍 같은 취업의 관문을 뚫고 안정된 회사원의 길을 가던 지수가 잊고 있던 꿈을 찾아 도전하고, 채권에 대해 알아가는 이야기가 펼쳐진다. 한편으로는 자신의 미래와 삶에 대한 고민과 방황과 갈등, 그리고 이를 극복하고 앞으로 나아가는 성장담이기도 하다.

이제 나는 4권 《채권이 뭐예요?》의 여행을 시작하려고 한다. 채권은 국가, 지방 자치 단체, 은행, 회사 등이 사업에 필요한 돈을 마련하기 위하여 발행하는 유가증권으로 주식, 펀드와 함께 놓치지 말아야 할 투자 수단 가운데 하나다.
4권의 여행을 통해 더 많은 사람이 채권 투자의 이해를 높이고 금융지식 쌓기에 푹 빠지기를 바라는 마음이다. 낡은 상자에서 꺼낸 오래된 종이 한 장으로 채권의 세계로 들어선 지수와 함께 주식과 더불어 채권 투자에 대해 알아보고 투자의 즐거움을 얻게 되기를 원한다.

'어떻게 하면 부자가 될 수 있을까?'
이 물음에 대한 해답은《존리와 함께 떠나는 부자 여행》에서 찾을 수 있다. 나와 함께 부자 여행을 떠나면 부자가 될 수 있는 방법, 경제 독립을 이룰 수 있는 비결 등을 배울 수 있을 것이다. 딱딱한 이론서나 개론서가 아니라 만화로 떠나는 여행이기에 더욱더 쉽고 재미있게 알게 될 것이다.

어떤 역경에 부딪혀도 어떤 위기가 닥쳐와도 나는 늘 한결같은 마음으로, 우리나라의 청년들이 부자가 되기를 바라는 마음으로 이 여행을 멈추지 않을 것이다. 대한민국의 모든 사람이 경제 독립을 이루는 그날까지 존리와 함께 떠나는 부자 여행은 계속될 것이다.

2022년 가을

존 리

1장 할아버지가 남긴 것

- 다시 꿈꿀 수 있을까?

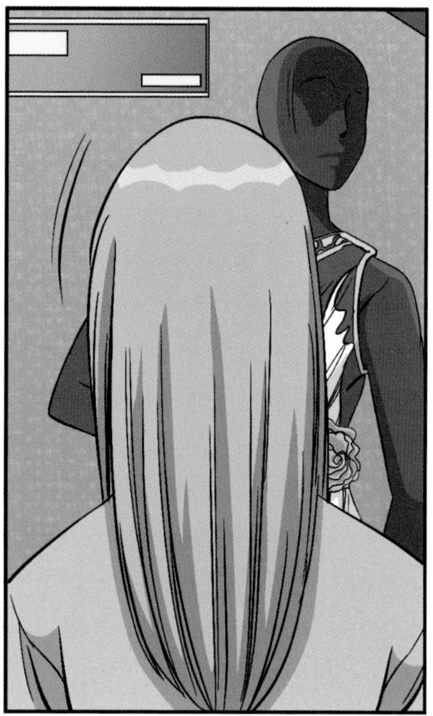

이 작품은 소통하고자 하는
마음이 잘 느껴지네요.
아, 그렇군요.

이 작품은 주제 의식이
뛰어난 것 같아요.

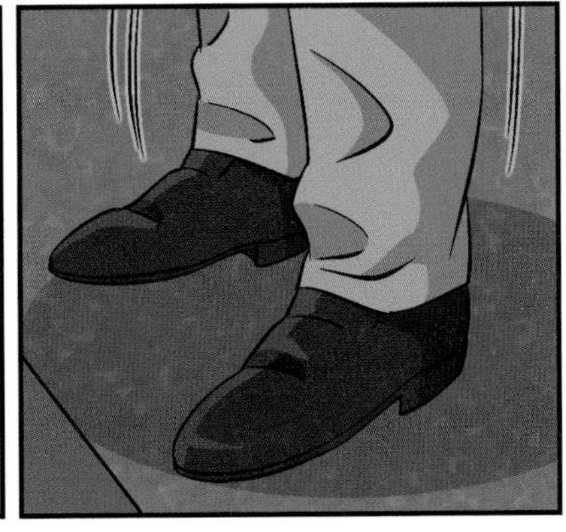

이 작품 마음에
들어요?
뭔가를
떠올리게 해요.
잃어버렸던
뭔가를…

뭘 잃어버리셨는데요?

제1전시장

제가 원래 꾸미는 걸
좋아했어요.
정말요?

그림 잘 그린다는 말도
곧잘 들었고요.
그렇군요.

그렇게
안 보이나요?
아니요, 아까 작품을
보는 눈이 남다르다는 걸
알았죠.

작품에 대한
해석도 뛰어나다고
생각했어요.

지수 씨의 꿈이
디자이너였나요?

그럼 뭐해요? 지금은 그저
회사원 신세인걸요.
회사원은 꿈을
꿀 수도 없나요?

회사원도 꿈을
꿀 자유가 있고
권리도 있어요.
아니, 꿈을 꾸어야
해요.

동휘 씨야말로
달라 보이는걸요.
좀 전의 지수 씨 모습은
정말 빛나 보였어요.

그런 모습을 잃어버리지
않았으면 좋겠어요.
네…

다시 한번 전시실을
돌아 볼까요?
그럴까요?

오늘은 왠지
이곳을 떠나고
싶지 않네요.
지수 씨가 전시회를
마음에 들어해서
다행이에요.

네, 감사드려요.
동휘 씨 덕분에 오랜만에
좋은 작품을 보게 되었어요.
그렇죠?
여기 오길 잘했죠?

그럼 다시 한번
보러 가실까요?
네!

이 작품은 특히
색감이 좋은 것 같아요.

이 부분은 좀 보완해야
할 것 같아요.
네,
알겠습니다.

20분 후에 회의 시작합니다.
회의 준비 부탁해요.
네.

2팀 회의실

11 12 01 02 03 04 05 06 07 08 09 10 11 12 01 02 03 04 05 06 07 08

이것으로 1차 보고를 마치겠습니다.

음, 지난번에 드러났던 문제점이 많이 보완된 것 같네요. 계속 진행해 봅시다.

네, 알겠습니다.

모든 팀원이 함께 힘을 모아 좋은 결과를 내 봅시다.
네, 더욱더 노력하겠습니다.
네.

우르르

미안해요. 같이 회의 준비했어야 했는데요. 제가 담당한 부분 자료 마무리하느라…

괜찮아요.
이해해 주셔서 감사해요.

그런데 무슨 회의를 3시간이나 해요?

쪼르륵

지수 씨,
회사 생활 어때요?

회사원으로서 안정된 생활이
보장되는 점은 좋지만…
좋지만…?

마음 한 구석에서는 미래에 대한
불안과 이루지 못한 꿈이
꿈틀대고 있어요.

지금도 꿈을 이루는 데 늦지
않았어요. 시작해 보세요.

언제까지 회사에 다닐 수는 없지만
그렇다고 대책도 없이 그만 둘 수도 없고요.
이래도 걱정, 저래도 걱정이죠.

전시회 너무 멋있었어.
나도 꿈이
디자이너였는데…

지금도 꿈을 이루는 데
늦지 않았어요. 시작해 보세요.

정말 늦지 않았을까?
다시 꿈꿀 수 있을까?

다녀왔습니다.

캑
캑

찾았다! 이 그림 그렸을 때 정말 행복했었지.

팔랑

어? 이게 뭐지?

채권의 정의

채권은 빚 채(債), 문서 권(券), 한자 그대로 풀이하면 '빚 문서'라는 뜻으로 특정한 일자까지 약정된 이자율을 지불하고 만기일에 원금을 돌려주겠다는 내용을 담은 차용증이다. 채권은 아무나 발행할 수 있는 것이 아니고, 발행자격을 갖춘 기관을 법으로 정하고 있다. 정부, 공공기관, 은행, 주식회사 등에서 투자자로부터 비교적 거액의 자금을 일시에 조달하기 위하여 발행하는 채권은 발행기관에 따라 국채, 지방채, 회사채 등으로, 상환기간에 따라 단기채, 중기채, 장기채 등으로, 보증담보 유무에 따라 보증채권, 담보부채권, 무보증채권 등으로, 이자지급 방식에 따라 이표채, 할인채, 단리채, 복리채 등으로 나뉜다.
어떤 목적을 위해 자금이 필요한 기관에서 채권을 발행하면 여러 투자자들이 돈을 주고 이 채권을 사게 되는데 이때 채권을 발행한 기관을 채무자, 그 소유자를 채권자라고 한다.

채권 투자를 통해 수익을 얻는 방법은 두 가지다.
첫째, 발행 시 약정된 '이자'를 통해 수익을 얻을 수 있다.
수익에 따라 배당정책이 달라지는 주식과 달리, 채권은 수익 발생여부와 관계없이 매 기간마다 약속된 이자를 지급해야 한다. 그렇기 때문에 채권은 주식보다 안정적으로 수익을 낼 수 있어 변동성이 큰 불안정한 시기일수록 투자자들의 관심이 높아진다.
채권의 이자율은 채권을 발행한 기관의 신용등급에 따라 달라지게 되는데, 발행기관의 신용등급이 높으면 채권 금리가 낮아지고, 반대로 신용등급이 낮으면 채권 금리도 높아진다.

둘째, 주식처럼 '시세차익'으로 수익을 얻을 수 있다.

자금이 필요한 곳에 돈을 빌려주고 이자와 원금을 받는다는 점에서 대출과 비슷해 보이지만, 대출과 달리 주식처럼 사고파는 매매가 가능하다는 것이 대출과 큰 차이점이다. 채권은 만기까지 남은 기간 동안 채권 시장에서 매매가 가능한데 고정된 액면가와 달리 채권 시장 내 가격은 수요와 공급, 시장금리, 발행기관의 신용 변화 등에 따라 변동이 될 수 있다. 즉 채권을 보유하다가 가격이 오르면 팔아서 시세차익을 얻을 수 있는 것이다.

2장 채권이란 무엇일까?

- 채권은 땅 짚고 헤엄치기

채권				
국채	지방채	특수채	금융채	회사채

오늘은
어떤 하루가 될까?
정말 기대되는걸.

날씨가 정말
좋네!

주식이 뭐예요?
창업만이 답일까?
채권이 뭐예요?
펀드가

안녕하세요?
지수구나.
정말 오랜만이구나!

자주 찾아뵙지 못했네요.
회사 일이 너무 바빠서요.
그렇구나. 그래도
이렇게 찾아와 주니
고맙고 반갑구나.

사실 여쭤볼 게
있어서 왔어요.
그래?

사서님,
이게 뭐예요?

이야, 이거 어디에서
난 거니?
옛날 물건을 찾다가
우연히 발견했어요.

그렇구나. 이거 진짜
오래된 거네.

이건
채권이란다.
채권이라고요?
그게 뭔데요?

채권이란 정부,
공공단체,
주식회사 등이
일반인으로부터
큰 금액의
자금을 조달하기
위해 발행하는
차용증서란다.

차용증서라고요?
말하자면 남의 돈이나 물건을 빌린 것을 증명하는 문서인 거지.

좀 더 자세히 가르쳐 주세요.

하하, 지수가 채권에 관심이 생겼구나.
네.

그래요?
채권은 다소 낯선 금융 상품이긴 하지만, 조금만 더 채권에 관심을 가지고 알아보면 낯설지만은 않다는 것을 알게될 거야.

어떤 금융 상품에 채권이 들어 있는 거예요?
사람들이 많이 가입하고 있는 보험이나 펀드 등의 금융 상품에 채권이 들어 있거든.

채권형 펀드,
혼합형 펀드 등이
있단다.
아하!

채권이란
유가증권이야.
유가증권이라는 것은
또 뭐예요?

유가란 가치가
있다는 의미야.
상법상
재산권을
표시하고,
재산적 가치를
나타낸
증권이란다.

권리의 발생, 행사,
이전이 증권으로
이루어지는 것이지.
그럼 유가증권에는
어떤 게 있어요?

크게 화폐증권과 자본증권으로
나뉘는데 화폐증권에는 수표,
어음 등이 있고, 자본증권에는 주식,
채권 등이 있단다.

특히 정부, 기업, 금융기관
등에게 채권은 큰 금액의
자금을 조달할 수 있는
유용한 방법이야.
어떻게 유용한
거예요?

은행에서 돈을 빌리려면 담보가 있어야 하고 복잡한 단계를 거쳐야 해. 하지만 채권은 그런 단계를 거치지 않고 투자자에게 직접 자금을 조달받을 수 있거든. 은행 대출은 장기 플랜이 어렵지만 채권은 안정적으로 자금을 집행할 수 있지.
아, 그래서 할아버지 친구분이 채권을 발행하셨구나.

채권에는 어떤 내용이 쓰여 있어요?
채권에는 '빌린 금액 얼마에 대하여 어느 정도의 기간이 지난 후에 몇 퍼센트의 이율과 함께 원금을 갚는다'라는 것이 쓰여 있어.

투자한 사람은 채권자가 되어 정부 기관이나 기업에게 돈을 빌려주고 그 대가로 일정한 이자를 받는 거야.

만기가 되면 원금을 돌려받고.
회사가 실적이 좋지 않아도 원금을 다 돌려받을 수 있어요?

그것이 주식과 채권의 가장 큰 차이점이지.

채권은 주식과 달리 회사의
수익에 상관없이 이자를
지급하고 원금을 돌려준단다.
기업이
파산해도요?

기업이 파산하면 돌려받기가 힘들지.
하지만 기업이 파산하더라도
채권 투자자는 주주보다 먼저
변제받을 권리를 가진단다.
그러면 손해 볼 염려는
없는 거네요?

정부 기관은
상대적으로 안전하지만
기업은 위험할 수도
있단다.

채권 가격도 주식처럼
매일 변동하나요?
그렇단다.

보통 이자율이 올라가면
채권 가격이 하락하고
이자율이 내려가면
채권 가격은 오르지.
서로 반대라고
생각하면 되겠네요.

채권의 종류에는
어떤 게 있어요?

채권은 발행한 주체에 따라 국채, 지방채,
특수채, 금융채, 회사채로 나눌 수 있어.

국채는 정부에서 발행한 채권이야. 정부에서 원리금 지급을 보장해 주는 채권이니까 가장 믿을 수 있지. 지방채는 시, 군 등 지방 자치 단체에서 발행한 채권이고 특수채는 도로공사, 토지주택공사 등 특별법에 의해 세워진 법인이 발행한 채권이야. 정부에서 발행한 채권은 안정성은 높지만 기업이 발행한 채권에 비해 이자율이 대체로 낮지.

AAA부터 D까지 신용등급을 부여받지.
어느 쪽이 좋은 등급인 거예요?

하하, 아무래도 AAA겠지?

원리금을 지급할 능력이 최고인 AAA, 그다음 AA, A…
그다음은 B겠죠?

그래. 그렇단다. BBB, BB, B, CCC, CC, C…
마지막으로 D!

D는 원리금을 지급할 능력이 전혀 없는 상태란다.
채권을 정말 여러 가지로 구분할 수 있네요.

아직 끝나지 않았는데?
나누는 기준이 또 있어요?

안녕하세요?

율이구나.
어서 오렴.

안녕? 그런데
넌 여기 왜 있어?
사서님께
여쭤볼 게
있어서…

너는 여기
웬일이야?
나는 자료
조사하러 왔지.

채권 이야기를
하던 중이었는데
율이도
들어볼래?
채권이요?
그게 뭔데요? 저도
끼워 주세요.

그런데 날씨도 좋은데
옥상 가서 얘기하는 건
어때요?
좋지.
저는 국화차
마실래요.

이 공기가 그리웠어!

그럼 이야기를 계속해 볼까? 우리가 어디까지 얘기했더라…
채권의 종류에 대해 말씀해 주시던 중이었어요. 발행한 주체에 따라, 회사의 원리금 지급 능력에 따라…

채권은 상환 기간에 따라 나눌 수도 있어.
기간이 길고 짧은 거요?

그렇지, 단기채, 중기채, 장기채로 나눌 수 있단다.

상환 기간이 짧은 채권은 단기채로 보통 만기가 1년 이하야.
그럼 중기채는요?

보통 2년에서 5년 정도인 채권이라고 생각하면 된단다.
그럼 장기채는 5년 이상이겠네요?

하하, 그렇지.
그런데 어떻게 채권 이야기를 하게 된 거야?

아, 내가 옛날 물건을 찾다가 어떤 종이를 발견해서 사서님께 여쭤봤는데, 그게 채권이지 뭐야.
그렇구나. 나도 좀 보여 줘.

와, 이게 바로
채권이란 거구나!
실제로 보는 거
처음이야.

무슨 보물지도
같은데요?
하하, 보물은
보물이지.

채권에 투자한 사람은 채권이
만기될 때까지 가지고 있다가
원금을 받을 수도 있고

만기가 되기 전에 증권시장
등을 통해 팔아서 투자한
돈을 회수할 수도 있지.
그래요?

그런데 할아버지는 왜 채권 때문에
손해를 보신 거지?

채권과 관련된 용어들이
여러 가지 있단다. 이런
용어들을 잘 알아 두면
도움이 될 거야.
용어들이
많나요?

이해 못 하더라도 걱정하지 마. 내가 다 이해한 다음 다시 알려 줄게.
뭐라고?
하하, 차근차근 알아 가면 그리 어렵진 않을 거야.

먼저 표면금리는 해마다 받을 수 있는 금리, 즉 이자를 말해. 표면금리가 3%라면 매년 3%씩 이자를 받는다고 생각하면 돼.

회사채라면 튼튼한 회사, 즉 등급이 높은 회사일수록 표면금리가 상대적으로 낮단다.

국채는 회사채보다 안전하니까 이자율이 낮겠네요.
그렇지.

그다음은 만기보장수익률이야. 이것은 만기가 될 때까지 채권을 팔지 않고 보유하고 있을 때 받을 수 있는 금리야.

통상적으로 단기일수록 이자율이 낮고 장기일수록 이자율이 높단다.

뉴스에서
전환사채라는 말
들어봤지?

사채라면 개인한테
돈 빌리는 거요?

개인에게 돈을 빌리는
사채(私債)가 아니라
주식회사가 채권을 통해
채무를 지는 사채(社債)를
말해.
아하!
사채(私債)
사채(社債)
채권
채권

전환사채는 채권과 주식의 성격을
다 갖춘 것이라고 할 수 있어.

채권을 가진 사람이 채권 만기가
도래하기 전에 채권을 주식으로
전환할 수 있는 거야.
와, 그런 게
있어요?

주식이 비쌀 때
주식으로 바꾸면
훨씬
이익이겠네요.

그렇지. 그대신
이자율이 높지 않고
많이 발행하지는
않는단다.

전환가격 또는 전환가는
주식으로 전환할 수 있는
가격이야. 예를 들어
주당 10,000원에 샀는데
13,000원이 되었다면
전환하면 좋겠지?

현재가는 채권의 가격을 말하고
주가는 주식의 가격을 말하지.

엄격히 말하면
전환가는 변하지 않는 수,
주식가격은 다른 수와
관계없이 독립적으로
변하는 수, 채권가격은
주가에 따라 결정되는
수란다.

만기는 채권의 만기로
상환일이라고 한단다.
상장폐지일이라고도
하지.
만기는 보통
몇 년인가요?

만기는 보통 3년이 많은 편이고
길면 5년, 10년까지도 가지.
통상적으로 만기가 길수록 채권의
이자 소득이 더 높기 때문에
만기가 긴 것이 유리하단다.

물론 채권을 발행한 기업의 신용에 크게 문제가 없을 경우, 즉 위험성이 많지 않을 때에 말이다.
네~

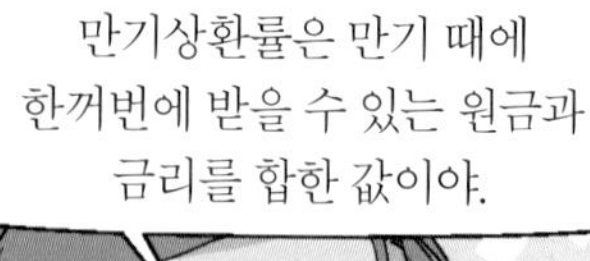
만기상환률은 만기 때에 한꺼번에 받을 수 있는 원금과 금리를 합한 값이야.

아, 여기 계셨군요. 누가 책을 찾는데 좀 도와주세요.
전화를 하시지…

아, 제가 핸드폰을 놓고 왔군요. 얼른 갈게요.

다음에 또 얘기하자.
네. 어서 가 보세요.

너 갑자기 왜 채권에 관심을 갖는 거야?

이것 때문에?
응, 할아버지께서 오래전에 사 두신 것 같아.

그렇구나. 뭔가 깊은 사연이 있을 것 같네.

회사원이 주말에 쉬어야지. 대단하네.

찾았다.
나도.

이게 사서님이 말씀하신
전환사채구나. 채권을
주식으로 바꾸는 것…

이것은 나의 채권에 대한
학습 노트이자 친구와의
우정에 대한 기록이다.

할아버지도 이렇게
채권에 대해 공부를
시작하신 거구나.

오늘은 나의 가장 친한
친구가 회사를 설립한
역사적인 날이다.

드디어 회사를 차렸구나!
정말 축하하네!
고맙네. 고마워.
정말 이런 날이 올 줄이야!

이젠 앞으로 나아갈 일만 남았군.
그렇지!
사장실

1년 후
급하게 자금을 조달할 일이 생겨서…
회사채를 발행하려고 해.

회사채?
그게 뭔가?

그렇게 나는 회사채를 샀다. 채권의 세계에 들어간 것이다.

그때는 이 한 걸음이 어떤 결과를 가져올 줄 미처 알지 못했다.

할아버지께 도대체
무슨 일이 있었던
것일까?

다음날

왜 그렇게 한숨을
쉬고 있어요?
앗, 들켰네요.

저는 새로 든 적금
금리가 올라가서
좋아했는데 동휘 씨는
왜요?
금리가
올라가서요.

금리가 올라가면
채권한테는 좋지
않거든요.
채권이요?

어머, 채권에 관심
있으세요?
왜요?

네.
저도 관심 많거든요.
아직 잘 알지는 못하지만
공부 중이에요.

와, 그래요? 반갑네요.
채권에 관심이
있으시다니…
그런데 왜 채권에
좋지 않은 거예요?

채권과 금리는 보통 반대 방향으로
움직이거든요. 금리가 오르면
채권 가격은 떨어지는데
제가 채권에 투자해서요.

지수 씨, 이번 자료 정리하고 분석한 보고서 좀 가져와 보세요.
네.

거기 놓고 가세요.

자료 조사도 완벽하고 분석 결과에 따른 아이디어도 정말 좋군.

이 아이디어 정말 좋네요.
누구 아이디어죠?
이번 시장 조사 결과를
분석하면서 도출한
제 아이디어입니다.

하하, 마음에 드는군요.
좀 더 발전시켜 봅시다.
네, 알겠습니다.

그 아이디어 지수 씨 것
아니에요?

회의 시간에
지수 씨가 낸
아이디어라고
밝히지
그러셨어요?

잠깐만요!

시간 괜찮으면
같이 저녁 먹을까요?

회사 일
만만치 않죠?
그러게요.

오늘 있었던 일 우연히 알게
되었어요. 많이 속상하시죠?

아, 네…

지수 씨 꿈이 디자이너라고 하셨죠? 디자인 공부를 다시 시작해 보는 건 어때요?

디자인 공부를요?

지수 씨를 도와줄 방법은 없을까?

그래! 지난번에 아버지가 꿈을 찾는 청년을 후원한다고 하셨는데 그게 뭐였는지 한번 알아봐야겠다.

지수 씨 모르게 후원할 수 있는 방법을 찾아보자.

저 사람들은
다 즐거워 보이네.

나는 왜 저 사람들처럼
즐겁지 않은 걸까?

누구지?
딩동

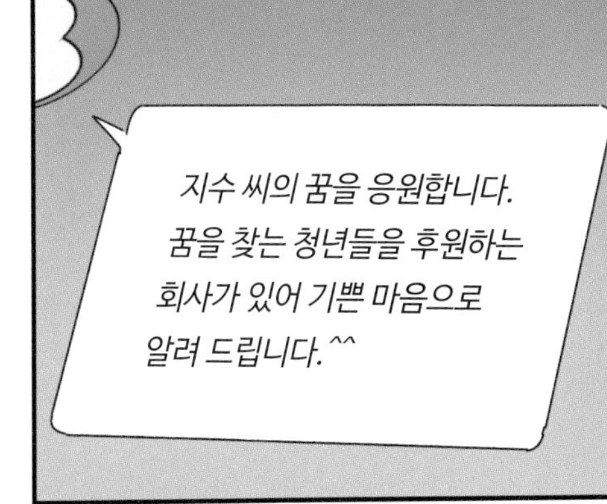
지수 씨의 꿈을 응원합니다.
꿈을 찾는 청년들을 후원하는
회사가 있어 기쁜 마음으로
알려 드립니다. ^^

잘 알아보세요.

이렇게 후원해 준다고?

디자인 분야 지망생을 위한 강의가 충실한 것 같은데…

꿈을 찾는 사람들을 후원하다니, 이 회사도 대단하네.

하지만 내가 잘할 수 있을까? 헛된 꿈을 좇는 건 아닐까?

무슨 생각을 그렇게 골똘히 하다가 물 넘치는 것도 몰라요?
아, 그냥요…

아까 제가 보내 드린 것 때문에 그래요? 뭘 그렇게 고민해요? 하고 싶은 거 하고 살아야 하지 않겠어요?

더군다나 응원하고 후원해 준다는데 뭘 망설여요?
어쩌면 내가 다른 사람이 얻을 기회를 뺏는 것일 수도 있잖아요.

지금은 자신만 생각해요. 그래도 돼요.

오늘도
야근이에요?

동휘 씨도요?

우리 회사 일이 힘들 때마다
채권형 펀드를 조금씩 사면
어때요?
채권형 펀드요?

미래를 바꾸고 준비하자는
의미에서요.

제가 너무 앞서 나갔나요? 부담갖지 말고요.
채권이 미래를 열어 주는 행복 티켓 같은
것이라고 생각해 보면 어때요?

미래를 열어주는
행복 티켓이요?

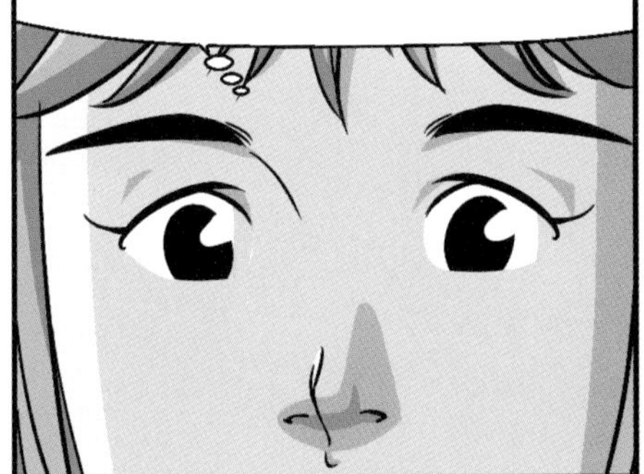
우리 할아버지도 친구를 위한 마음과 함께
미래를 위해 채권을 사셨을 거야. 하지만
그것 때문에 힘들어 하셨던 것 같아.

하지만 채권을 하다가
잘못되면…

채권은 주식에
비해 변동성이
적기 때문에
안정적이에요.

그럼 대체 왜
우리 할아버지는…

처음에는 제가 선물할게요.
아니에요.

제가 그렇게 하고 싶어서 그래요.
우리 한번 같이 생각해 보고
고민해 봐요.

와, 저기 노을 좀 봐요.
오늘은 특히
더 예쁘네요.

할아버지의 채권이라니…
무슨 소설 속 이야기 같네.
채권 투자라…

나도 아직은 채권에 대해서
잘 모르고 할아버지 일도 있고 해서
좀 망설여져.

그래, 충분히
이해된다.

저번에 사서님이 채권도
투자의 한 방법이라고
하셨잖아.
뭐야, 나만 빼놓고
사서님한테 채권에
대해서 배운 거야?

아냐, 일부러 빼놓은 게 아니라
도서관에 갔다가
우연히 만난 거야.
그래,
그런 거라고.

어쨌든 그 뒤로 채권에 대한
관심이 생겨서 사서님 말씀도 다시
되새겨보고 책도 찾아보고 했어.

그래서
뭘 알아냈어?
그런데
뭘 알아냈을까?

그게 말이야. 채권은 땅짚고
헤엄치기인 거 같아.
왜?

회사가 잘 되면 원금과 이자를 받고,
회사가 적자가 나더라도 주식처럼 가격이
떨어지거나 하지 않고 원금이 보장되니까.
그래?

응원하고 후원해 준다는데
뭘 망설여요?

더는 망설이지 말자. 나도 하고 싶은
일을 할 거야.

나도 잘할 수
있어.

그래,
한번 해보는 거야.

채권의 종류

1. 발행 주체에 따라

국채 : 자금을 조달하거나 정책을 집행하기 위해 헌법 제 93조와 예산회계법 제 4조에 의거하여 국회의 결의를 얻은 후에 정부가 발행하는 채권이다. 국가의 경제적인 활동에 따라 국가의 신용으로 빌리는 금전상의 채무가 표시되어 있고 정부가 원리금 지급을 보증하기 때문에 지명도와 신용도가 가장 높다. 현재 우리나라의 채권시장은 국채가 중심이 되고 시장의 기준금리 역할을 하고 있다.

지방채 : 지방 공공기관인 특별시, 도, 시, 군 등이 재정적인 자금이 필요할 때 지방재정법의 규정에 의거하여 발행하는 채권이다. 지방채는 국채보다 발행액수가 적고 신용도가 국채에 비하여 떨어지기 때문에 유동성이 낮은 편이다. 각 지방자치 단체별로 발행하기 때문에 발행 조건이 상이하다.

특수채 : 한국전력주식회사나 토지개발공사 등과 같이 특별한 법률에 의해 설립된 법인이 특별법에 의거하여 발행하는 채권이다. 일반적으로 정부가 원리금 지급을 보증하므로 국채와 회사채의 중간쯤의 기대수익률과 위험도를 보인다. 공채 및 사채의 성격을 모두 갖추고 있으며 안정성과 수익성이 비교적 높다.

금융채 : 한국은행, 한국산업은행, 중소기업은행 등 특수금융기관이 자금을 조달하기 위하여 특별법에 따라 발행하는 채권이다. 자본금의 10~20배까지 채권을 발행할 수 있다.

회사채 : 상법상의 주식회사가 일반 사람들에게 발행하여 사업에 필요한 자금을 마련하는 채권이다.

2. 이자 지급방법에 따라

이표채 : 액면 가격으로 채권을 발행하고 정해진 기간마다 주기적으로 이자를 지급하는 채권이다. 표면이율에 따라 한 해 동안 지급해야 하는 이자를 일정 기간에 나누어 지급하며 만기에 마지막 이자와 원금을 상환한다. 우리나라 회사채 대부분이 이표채로 발행하고 있으며, 3개월마다 이자를 지급하는 방식이다.

할인채 : 액면금액에서 상환기일까지 이자를 단리로 미리 할인한 금액으로 발행하는 채권이다. 액면금액을 할인해서 발행하고 그 차액으로 이자를 대신한다. 즉 만기 때 이자를 주는 대신, 만기 때까지의 이자를 현재 시점에서 할인하여 발행하는 것이다.

단리채 : 정기적으로 이자가 지급되는데, 단리로 표면이율을 계산하여 재투자되는 채권이다. 만기에 원금과 이자를 동시에 지급한다.

복리채 : 정기적으로 이자가 지급되는데, 복리로 표면이율을 계산하여 재투자되는 채권이다. 이자가 이자지급 기간 동안 복리로 재투자되어 만기상환시에 원금과 이자를 동시에 지급한다.

3장 왜 채권이어야 하는가?

- 변동성이 적어 안정적인 채권

FRESH

어, 할인 중이네요.
구경해도 될까요?
물론이죠.
POWER SALE
50%
~
30%

생각보다 할인을 많이 하는데요? 평소에 좋아하는 브랜드이기도 하고요.

사고 싶어요?
그렇긴 한데…

저 두 벌 살래요.

왜 그렇게 보시는데요?
지수 씨의 투자 성향에 대해 생각하고 있었어요.

투자 성향이요?
정말 재미로 말씀드리는 거예요. 재미로만 생각해 주세요.

POWER SALE 80 %
어느 날, 할인하고 있는 옷 가게에 갔어요. 그런데 생각보다 할인 폭이 큰 거예요.

하지만 교환이나 환불은 되지 않아요. 이때 어떤 행동을 보이느냐에 따라 투자 성향을 가늠해 볼 수 있어요.
교환, 환불은 안 돼요.

그래요? 그럼 저의 투자 성향은요?
안정적인 성장형이에요.

좋은 거죠?
네, 물론이죠. 다른 경우도 설명해 드릴게요.

이때 대여섯 벌 정도 옷을 선뜻 구매한다면 공격형 투자자예요.

지금 꼭 필요하지 않지만 나중에라도 입을 생각으로 서너 벌을 구매한다면 성장형 투자자고요.

지수 씨처럼
꼭 사고 싶은 것을
신중히 골라서 구매한다면
안정성장형
투자자지요.

그럼 아무리 할인을 많이 해도
구경만 한다면요?

투자자가
아닌 거죠.
하하, 그렇군요.

저는 안정적으로 성장하고 있는
사람이라니, 왠지 기분이 좋네요.

네, 그렇게 웃으세요.
웃는 얼굴이 훨씬 보기
좋아요.

혹시 그때 전시회 티켓도 저 때문에 특별히 준비하셨던 거예요?
아, 그게…

자연스럽게 하려고 했는데 들켜 버렸네요.

회사에서 가끔씩 마주치는 지수 씨는 늘 조용하고 말이 없는 사람이었어요.

회사에서 속상한
일이 있어도
내색하지 않고

드러나지 않게 묵묵히 자신의 일에
최선을 다하는 사람이죠.

그러던 어느 날, 퇴근길에 우연히 지수 씨가
그 전시회 포스터 앞에 한참 동안
서 있는 걸 봤어요.
의상 디자이너
전시회

저는 그 눈빛을 잊을 수 없었어요.
무엇인가를 강렬히 원하는 그런
눈빛이었어요.

그러면서도 뭔가
아련한 그리움을 담은
눈빛이었지요.
좀
부끄러운데요.

저도 그 전시회에 관심을 갖고 있던 터라 지수 씨랑 같이 가면 좋겠다고 생각했어요.

전시회에서 지수 씨의 꿈이 디자이너였다는 것도 알게 되고 좋은 시간이었죠.

지수 씨는 재능이 많은 사람이에요. 뭘 하든 잘할 거라 생각해요.
고마워요.

후두둑

어떻게 채권에
관심이 생기신
거예요?

저희 집안이 기업을 운영하면서 회사채를
발행하다 보니, 자연스럽게 관심이
생기게 된 것 같아요.

집안에서 기업을
운영하신다고요?
작은
중소기업이에요.

저, 재벌 2세, 3세
그런 거 아닙니다.
왜 그런 말씀을…

혹시 오해를 하실까봐…
아니, 기대일까요?
네? 뭐라고요?

채권에 대해 얘기를 좀
들을 수 있을까요?
물론이죠.

채권과 은행 적금을 비교하면
어떤가요?
채권이
좋지요.

은행 적금보다 채권이 많이
유리한가요? 오랫 동안 돈이 묶여
있는 거잖아요.

은행 적금 이자율을 한번 따져봐요.
아, 이자율…

안정적이기는 하지만 돈을 불려 나가기에 좋은 방법은 아니지요.
아, 네.

그리고 은행 적금도 일정 기간 동안 돈이 묶이는 것은 마찬가지에요.

찾을 수는 있지만 중도에 해지하면 이자를 거의 못 받기 때문이지요.
네, 그렇지요.

이에 비해 채권은 어떨까요?

시세차익을 얻을 수 있을 뿐만 아니라 만기까지 유지하면 채권에 표시된 원금과 이자를 받아요.

만기 전에 매각을
하더라도 큰 손해를
보지 않아요.

아, 그래요?

주식은 회사가 흑자를 내는지
적자를 내는지 호재가 있는지
아닌지에 따라 가격이 오르내리지만

채권은 금리에
따라 가격이
변해요.

채권에 대해 알면 알수록
뭔가 특별하다는 생각이
드네요.

정말 그렇죠?

다행히 비가 그쳤네요. 자리를 옮겨서 좀 더 얘기를 나눌까요?
좋죠.
PC
국

지수 씨가 궁금해 하는 것을 제가 대답해 줄 수 있어서 행복합니다.

영 Cafe

그럼 주식과 채권을 비교하면 어떤가요? 주식과 채권의 공통점은 뭐예요?

주식과 채권은 돈이 필요할 때 곧바로 팔아서 쓸 수 있다는 점이 공통점이에요.

둘 다 유가증권이라는 점도 같고요.
그럼 차이점은요?

보통 주식은 시시때때로 가격이 오르락내리락하지요. 변동성이 큰 편이에요.

이에 비해 채권은 가격이 큰 폭으로 오르락내리락하지 않지 않아요. 안정적이죠.
그렇군요.

채권과 부동산을 비교하면 어떨까요?

채권과 부동산은
주식에 비한다면
안정적인
편이에요.

채권은 일정하게
정해진 이자를 받을 수
있다는 좋은 점이 있고
부동산은 전세, 월세
수입을 올릴 수 있다는
좋은 점이 있지요.

하지만 채권과 부동산은
큰 차이가 있어요.
바로 현금화에서
차이가 있지요.
부동산은 빨리
팔 수 없으니까
그런 건가요?

네, 채권은 자신이 원할 때
정해진 시세에 곧바로 찾아서
현금화할 수 있어요.

하지만 부동산은 곧바로 현금화하기 힘들지요. 급하게 팔려고 하다 보면 제값을 받지 못할 수도 있고 시간이 오래 걸릴 수도 있고요.

아, 그렇겠네요. 현금화 외에 또 어떤 점이 달라요?

부동산에 투자를 하는 것은 쉽지 않아요.

일단 목돈이 있어야 하고요.

좋은 부동산을 골라서 살 수 있는 안목이 있어야 하고 부동산을 잘 관리할 수 있는 능력도 있어야 해요.
그렇죠…
cafe

하지만 채권은 내가 잘 알지 못해도 할 수 있어요.

어떻게요?

채권은 개인이
하기엔 큰 금액이라
보통 채권형 펀드로
많이 해요.

그럼 어떤 채권형 펀드를
골라야 할까요?

펀드에는 채권형 펀드와
주식형 펀드가 있는데
나이가 들수록 채권형
펀드를 많이 하고 젊을수록
주식형 펀드를 많이 하는
편이에요.

채권형 펀드가 안정적이라
그런거죠?
맞아요.

이자율, 금리,
경쟁력 등을
생각하면서
채권형 펀드를
고르면 돼요.

채권 투자에서
가장 중요한
것은 뭘까요?

주식과 마찬가지로 자주
사고파는 것은 좋지 않아요.

장기적으로 투자하는 것이
제일 중요한 거 같아요.
아, 그렇군요.
Cafe

어, 선배님! 캐나다에 계신 거 아니었어요?
누가 이렇게 채권에 대해서 열띤 설명을 하고 있나 했더니 너였구나?

얼마 전에 들어왔어. 그동안 바빠서 연락을 못 했네.
그러셨군요.

정말 오랜만이네. 반갑다. 잘 지내지?
네, 선배님이야말로 잘 지내셨어요?

누구…?
애인?
아직은
아니에요.

학교
선배님이에요.

안녕하세요?
저는 국일자산운용의
CFO 박정호입니다.
아, 안녕하세요?

CFO요?

CFO라는 말이 좀
생소하시죠?
'Chief Financial Officer'의
줄임말로 재무담당
최고책임자입니다.
네, 제가
이런 용어에
익숙지
않아서요…

네, 쉽게 말해서
대출 구성을 짜는 일을
담당하고 있습니다.
대출 구성이요?

예를 들면 공장을 확장하려고 할 때 은행 대출, 채권 발행, 주식 발행 등을 통해 자금을 확보하는데 그 비율을 어떻게 하는 것이 좋을지 결정하죠.

저도 같이 이야기해도 될까요? '채권' 하면 저도 하고 싶은 이야기가 많은데요.

네, 같이 이야기해요.

제가 채권에 대해 잘 모르는데 많이 가르쳐 주세요.

뭐가 그렇게 궁금하신데요?
주식과 채권에 대한 것이라면 뭐든지 다 말씀해 주세요.

일단 주식과 채권을 각각 어디에서 발행하는지 생각해 보세요.

주식은 주식회사에서
발행하지만 채권은
주식회사뿐만 아니라 정부,
지방 자치 단체, 특수법인 등
다양한 곳에서 발행하지요.
발행한
곳에서부터
차이가 있네요.

그리고 주식을 산
사람과 채권을 산
사람은 서로 큰 차이가
있어요.
무슨 차이가
있는데요?

주식을 산 사람은
주주가 돼요.
주주가 되면요?

주주로서 주주총회 등에서 기업의
의사 결정에 참여할 수 있는
권리가 있지요.

그럼 채권을 사면
뭐가 다른 거예요?
채권을 사면
채권자가 되지요.
주식을 산 사람은 배당을 받을 권리를
가지게 되고 채권을 산 사람은 이자를
받을 권리를 가지게 되지요.

아까 주식을 산 사람은 기업의 의사 결정에 참여할 수 있다고 했지요?
네.

이에 비해 채권을 소유한 사람은 기업의 경영에 대한 여러 가지 의사 결정에 참여할 수 있는 권리는 없어요.

또한 주식은 원금이 상환되지 않는 영구 증권이에요. 이에 비해 채권은 만기에 상환해야 하는 기한부적인 성격을 지닌 증권이지요.

아~ 주식과 채권의 차이가 뭔지 정확하게 알 거 같아요.

채권의 수익률에 영향을 주는 요인은 뭐예요?

그건 여러 가지가 있어요.

내부적인 요인과 외부적인 요인이 있지요. 만기, 표면이자율, 발행 주체의 지급 가능 여부, 상환 조건 등이 내부적인 요인이에요.
내부적인 요인
만기
표면 이자율
채권의 수익률
발행주체의 지급 가능
상환 조건

외부적인 요인에는 정부의 재정 금융 정책, 물가의 변동, 금융 시장의 변동, 경기 동향, 환율의 동향, 시중 금리 등 전반적인 경제 여건 등이 있어요.
외부적인 요인
정부의 재정 금융 정책
금융 시장의 변동
환율의 동향
채권의 수익률
물가의 변동
경기 동향
시중금리

채권의 수요와 공급도 외부적인 요인에 속하고요.
외부적인 요인
수요
채권
공급

주식 비중과 채권 비중을
어떻게 하는 것이 좋을까요?
음, 그건 참
어려운 문제예요.
정답이 있는 것도
아니고요.

사람마다 상황마다
여러 가지 경우가
있을 수 있지요.

중요한 건 주식은
변동성이 크고
채권은 변동성이
적다는 것이에요.

이러한 변동성의 차이에서
해답을 찾을 수 있지요.
어떤
해답인가요?

젊을수록 주식의 비중을
높이고 나이가 들수록
변동성이 적은 채권의
비중을 높이는 것이
좋아요.
그렇군요.

그래서 외국에서는 주식과
채권의 비중을 결정하는 공식을
활용하기도 해요.

공식이라고요?
공식이 있다는 건
저도 처음 듣는데요.

하하,
절대적인 것은 아니고요.
참고만 하시면 돼요.
그 공식은 100에서
자신의 나이를 뺀 숫자가
바로 주식 비중이
되는 거예요.
100-(자신의 나이)
=주식 비중

이 공식에
대입해 보면 나이가
적을수록
주식 비중이 높아지고
나이가 많을수록
주식 비중이
낮아지네요.

네, 발행하는 곳도
안정적으로 자금을
집행할 수 있고,
투자자도 안정적으로
투자할 수 있는 것이
채권이에요.

이렇게 쉽게 설명을 해 주시다니
정말 감사드려요.

그런데
두 사람은
어떻게 만난
거예요?

회사에서요.

너희 회사
직원인 거야?
사내 연애?
아뇨.
저 다른 회사
다녀요.

다른 회사에서
경영 수업하는 거야?
그런 거
아니에요.

안 데려다줘도
된다니까요.
제가 그러고
싶어서요.

디자인 학원은
정했어요?
그게 아직…

신중히 고르려다 보니
자꾸 시간만 가네요.
안정적인 성장형
투자자니까요.

저번에 제가 보내 드린 곳도 고려하고 있는 거죠?
네, 하지만 제가 그 혜택을 받아도 되는 건지 자꾸 망설이게 되네요.

누구나 꿈을 꿀 자격이 있다고 했잖아요. 회사원이라고 안 되나요?

우리 모두 청년, 청춘 맞잖아요. 안 그래요?
네.

휴, 디자인 학원
등록비가 만만치
않은걸.

띠리리…

안녕하세요? 여기 국일 디자인학원인데요.
그동안 저희 학원에 여러 가지 문의를 하시고
상담도 많이 받으셨죠?
네, 그런데요.
무슨 일이세요?

이번에 저희 학원에서 회사원의
꿈 찾아 주기 이벤트를 하거든요.

혹시 관심 있으면
이벤트에 참여해 보시면
어떨까요? 지수 님에게
좋은 기회가 될 것
같아서요.

정말요? 네, 한번
해 볼게요.

더는 미루지
말자.

그래 한번 해 보자.

저 학원에
등록했어요.

지수
옆에서 계속 용기 주신
덕분이에요.

별 말씀을요.
스스로 해낸 거예요.

딩
동
국일 디자인 학원
말씀하신 대로
잘 처리했습니다.

네, 수고하셨습니다.
앞으로도 잘 부탁드립니다.

국일 디자인 학원
저희야말로 앞으로도
지속적인 후원과 지원
부탁드리겠습니다.

동휘씨
지금 뭐해요?

수업 중이요.

동휘씨
앗, 미안해요. 깜빡했네요.
열심히 수업 들어요.
파이팅!

휴, 생각보다
잘 안 되네.
내가 원하던 디자인이
아니야.

이렇게
해볼까?

벌써 시간이 이렇게 됐네.
막차 끊기기 전에 오늘은 그만 가야겠다.

예전엔 야근 많이 하더니, 요즘엔 일찍 들어가네요.
네, 학원에 가야 해서요. 오늘 해야 할 일은 다 했어요.

국일 디자인
모집 요강

띠리리리리…
띠리리리리…

아 오늘 토요일이지?
띡

딩
동~..

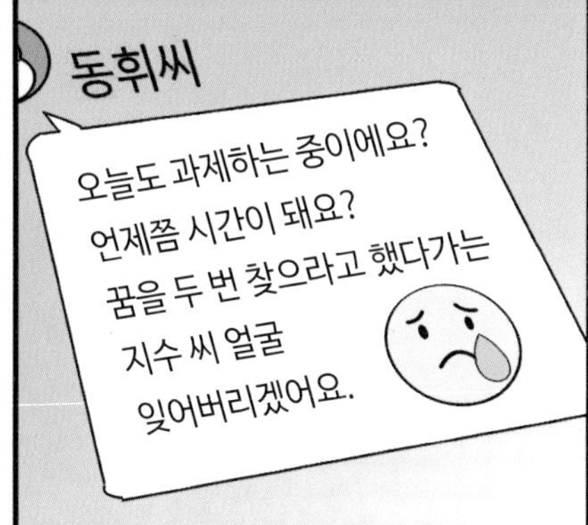
동휘씨
오늘도 과제하는 중이에요?
언제쯤 시간이 돼요?
꿈을 두 번 찾으라고 했다가는
지수 씨 얼굴
잊어버리겠어요.

내일이면 시간이
될 것 같아요.
오늘까지 과제물
끝내 볼게요.

할아버지는
이때 이런 생각을
하셨구나.

할아버지는 어떤
분이셨어요?
할아버지?
왜 갑자기 할아버지에
대해 물어?

뭔가 있는 거
같은데?
그냥 좀
궁금해서요.

노트?
사실 저번에 창고에서 뭘 좀
찾다가 할아버지의 노트를
발견했거든요.

와, 진짜
오래된 노트네.
이거예요.

이 노트를 보니 그때의 일이
다시 생생하게 생각나는구나.

너희 할아버지는 휴지 조각이 된 채권 때문에 상심한 나머지 건강이 악화되어 돌아가셨어. 그 회사가 부도나는 바람에 한 푼도 건질 수가 없었지.

할아버지 친구도 사라지시고 어디로 가셨는지 찾을 수가 없어서 할아버지가 많이 속상해 하셨단다.

그때 나는 어렸지만 그 모습을 생생히 기억하고 있단다. 다시는 떠올리고 싶지 않은 시절이지.

같이 영화를 보는 날이 올 줄이야… 정말 꿈만 같네요.
그렇게 좋아요?

저, 사실 채권에 대해
애기 안 한 게 있어요.
무슨 엄청난 비밀이
있는 건 아니죠?
좀 겁나는데요.

제가 채권에 대해 관심을
갖게 된 계기가 있었거든요.

할아버지께서
오래전에 회사채를
사셨는데요.

할아버지
존함이…?

이럴 수가!

주식과 채권

1. 공통점

자금을 조달 받기 위한 목적으로 발행된다는 것이 공통점이다. 또 주식과 채권 각각 주식시장과 채권시장에서 거래가 가능해, 시세차익을 노릴 수 있고 반대로 원금손실의 위험성을 가지고 있는 투자상품이라는 것이다.

2. 차이점

주식 투자가 기업의 주식을 매수해 주주가 되는 것이라면, 채권 투자는 정부나 기관에 돈을 빌려 주고 채권자가 되는 것을 의미한다. 따라서 주주는 주식을 보유함으로써 경영에 참여할 수 있으나, 채권은 돈을 받는 권리만 있을 뿐 경영에 참여할 수는 없다.

또 주식은 만기가 없는 영구 증권이지만, 채권은 만기가 존재하는 기한부 증권이라는 점에서 큰 차이가 있다.

그리고 주식은 기업의 이익에 따라 배당금이 달라지지만, 채권은 수익과 관계없이 매 기간마다 약속한 이자를 지급해야 한다. 그래서 변동성이 큰 불안정한 시기에 유리하다.

주가가 오르면 상대적으로 안정성이 높은 채권의 가격이 떨어지고 경기침체나 경제 위기 상황으로 주가가 떨어지면 안정성이 높은 채권이 오른다. 주식과 채권은 역의 상관관계를 가지고 있다.

또한 채권은 이자율을 지급받으므로 금리와 연관성이 높다. 금리율이 채권 수익률에 비해 높으면 채권의 가격은 하락하고 금리율이 채권의 수익률에 비해 낮으면 채권의 가격은 상승한다.

4장 악연을 인연으로 이어가다

- 일, 사랑 모든 것이 꼬여만가는 지수

네가 만나는
사람이 누구라고!

그게… 같은 회사
사람이라서…

처음엔 몰라서 만났다고 하더라도 이제
누구인지 알게 된 이상 더는 만나지 마라.

이건 좋은 인연이 아니란
생각이 드는구나.
악연이야.

전 그렇게
생각하지
않아요.

그 잘난 동료의
할아버지 때문에 우리가 이렇게
힘들게 살아온 거다.
할아버지 친구의 회사가 부도만
나지 않았어도 할아버지가
그렇게 허망하게 돌아가시지는
않았을 거야.

왜 굳이 그 사람을
만나려는 거니?
그 집안 때문에 우리 집이
이렇게 된 거야.

그래도 그 사람 잘못은
아니잖아요.

아버지가 저렇게
힘들어 하시는 걸 보고도
그런 말이 나오니?

저도 지난날을
안타깝게 생각해요.
하지만 저는,
저는…

이건 좀
아니지 않나?
세상에 하고많은
사람들 중에
왜 하필…

현명하게 생각하렴.
감정적으로 생각하지
말고 이성적으로
생각해.

그 어떤 말도
더 필요없다.
만나지 마라.
당장 헤어져.

아버지, 전
이대로 끝내고
싶지 않아요.

그 사람은 제가
꿈을 찾을 수 있게
도와줬어요.

아니, 네가 마음껏
꿈을 펼치지 못한
이유가 그 사람
할아버지 때문이야.

저도 생각지 못한 일이에요. 할아버지 얼굴도 기억 나지 않지만…

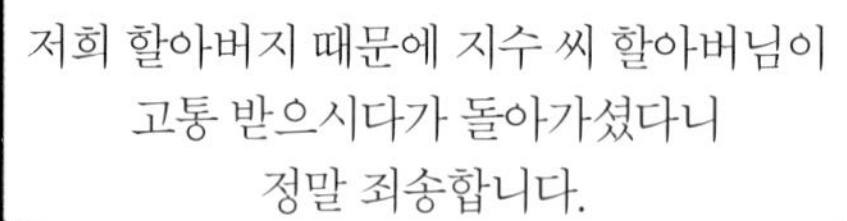
저희 할아버지 때문에 지수 씨 할아버님이 고통 받으시다가 돌아가셨다니 정말 죄송합니다.

저희 아버지가 많이
힘들어 하세요.
우리 만나는 것도 많이
반대하시고요.

이해합니다.
지수 씨 아버님의
마음이 어떠실지…
아버님 입장에서는
반대하실 수
있지요.

하지만 이렇게까지
큰 반대에 부딪히게
될 줄은 몰랐어요.

왜 우리가
이전 세대의 상처와
아픔 때문에 고통을
받아야 되는 거죠?

하지만 저희 할아버지 때문에
지수 씨네 가족이 피해를 입고
할아버님이 돌아가신 것이라면…

저도 당당한 모습으로
지수 씨 앞에 서지
못할 것 같습니다.

저희 아버지께서
이 일에 대해
아실지 모르겠지만
어쨌든 최대한
알아보겠습니다.

어떻게 된 일인지
말이에요.

무슨 사정이
있으셨겠죠.

그 당시는 사정이
있었다고 하더라도
나중에라도
찾아뵀어야 했는데…
죄송합니다.

저 공…
저 공 같아요.
동휘 씨가 저에게
저 공처럼 조용히
다가왔어요.

그리고 다정하게
내 곁에 머물렀지요.

꿈을 잃어버리고
힘들어 할 때
다시 시작할 수 있는
용기를 주었고

후원받아 공부할 수 있도록
도와주기도 하셨지요.

제가 다시 디자인을
시작할 수 있게 해 준 것도,
채권에 대해서 알게 해 준 것도
동휘 씨인데 저 공처럼
그냥 되돌려 주어야
하나요?

아, 그런 일이 있었구나.
네가 많이 힘들었겠다.

난 네가 디자인 학원 다닌다고 하길래
잘 됐다고만 생각하고 있었지.

학원 다니랴 회사 다니랴 바빠서
연락을 못하는지 알았는데…
그런 줄도 모르고 미안하다.

근데 이게 무슨
로미오와 줄리엣도
아니고…

채권으로 인해 가까워진
사람인데

채권으로 인해 밝혀진 비밀 때문에
그 사람과 헤어져야 한다니…

그런데 왜 그동안
아무 말도 안하고
있었던 거야?

친구 뒀다 뭐하니?
힘든 일이 있을 때
얘기해야지.

천천히 마셔.

웬일이야?
호프집에서 다
보자고 하고…

어? 지수 왜 이래?
무슨 일 있어?

술도 잘 못 마시는 애가
왜 이렇게 많이 마신 거야?
너도 그동안
전혀 몰랐어?

뭘?
요즘 지수에게
무슨 일이 있었는지…

디자인 학원 다니느라
바쁘다고만 하고
별 얘기는 없었는데?
그래. 너도 잘
모르고 있었구나.

무슨 일인데 그래?
회사에서 무슨 일 있었대?

아니, 모든 일은
채권에서부터 시작된 것
같아.
그게 무슨
말이야?

탁

지수는 그 놈과
헤어진 거겠죠?
시간을 좀 줘야죠.
마음 정리할 시간을요.

당신도 지수한테
단호하게 말해요.

아무리 힘들어도
밥은 잘 챙겨 먹어요.
커피는 너무 많이
마시지 말고요.

후두둑

생각의 차이가
큰 부의 차이를 만든다

웬일이야?
지나가다가
그냥…

너라도 내 편을 들어
주면 안 되겠니?
인테리어 전문
이 상황에서 내 편,
네 편이 어디 있어?
근데 누나도 아버지 입장에서
생각해봐. 아버지가
반대하시는 거 당연한 거야.

도대체 그 사람을
왜 못 놓는 건데?
나도 아버지
거스르면서까지
만나고 싶지 않아서
그래.

그 사람은 내가 그동안
잊고 있었던 꿈을 다시
시작하게 해 준 사람이야.

그리고 채권에 대해서도
눈을 뜨게 해 준
사람이라고.
뭐, 채권? 누나
채권 하고 있었어?
그 위험한 걸?

채권은 위험한 게 아니라고!
주식보다 오히려 안정적인
투자 수단이야.

그 사람이 그래?
잘 알지도 못하면서
그 사람 말이라면
다 믿는 거야?
너야말로 채권에 대해
아무것도 모르잖아!

인테리어 전문

그래도
이건 좀…
뭐, 어쩌겠어?

이제까지 진행해
왔던 프로젝트를
그만두라니요.

그동안 저희들의 노력은
아무것도 아닌가요?

우린 그냥 위에서 시키는 대로 할 뿐이야.
하라면 하고 말라면 말고…
회사원들이란 그런 존재일 뿐이지.

정당한 이유도 설명도
없이 프로젝트를
중단시키는 것은 있을 수
없는 일이라고
생각합니다.

시장성이 없다고
하시잖아.

고마워요.

회사원이란 존재에
큰 회의감이
드네요.

그동안 정말
열심히 일했어요.
꿈을 찾아가면서도
회사 일에 소홀하지
않았어요.

오히려 마음이 즐거워서 회사 일도
잘할 수 있었다고요. 그런데…

직원은 뭘까요?
그저 소모품일까요?

지수야, 네 미래에 대해
진지하게 생각해야 할
시기인 것 같구나.
네…

회사를 위해
일해 온 시간들이
너무 허무한 거 같아요.
모래 위에 성을
쌓는 거 같아요.

이렇게 고통을
받으면서까지
회사를 위해
일할 필요가
있을까?

네 자신을 위해
일해야 할 때가
아닌지 생각해
보렴.

입사하는 것이
하늘의 별따기잖아요.
얼마나 힘들게
입사한 건데
그것을 마다하고
퇴사하는 것도
아깝기는 해요.

하지만 희망이 안보이는 건
사실이에요. 제 꿈과도 거리가
멀고요.

네가 어떤 선택을 하든
널 지지하고 응원한다.
감사합니다.

할아버지, 죄송해요. 할아버지도
그 사람이 마음에 안 드시겠죠?
그런데 저는 그 사람 잘못이 아닌데
왜 우리가 헤어져야
하는지 모르겠어요.

걱정이 된다.
더 이상 생각하지
않으려 해도 자

뭐가 그렇게
걱정이 되신 거지?
건강이 갑자기
안 좋아지셨나?

걱정이 된다.
더 이상 생각하지
않으려 해도 자

이때 할아버지는 대체 어떤
마음이셨던 걸까?
할아버지, 알려 주시면 안 돼요?

아, 여기 있다!

할아버지…

걱정이 된다.
더 이상 생각하지
않으려 해도 자꾸
생각이
난다. 친구가 잘 도착
했을지 너무
걱정이 된다.

어딘가에 자리를 잘 잡았겠지?
힘들어도 포기하면 안 되는데…

나는 친구를 믿는다.
내게 미리 말하지 못하고
떠날 수 밖에 없을 정도로
급박한 이유가 있었을
것이다.

그 채권…
네?

나는 그동안 아버지가
친구분을 원망하다가
화병을 얻으셨다고만
생각했는데…

그렇게 생각하실
수밖에 없는
상황이었어요.

채권의 특성

1. 안정성 (Safety)

채권의 위험은 채무불이행 위험과 시장위험 두 가지가 있다.

채무불이행 위험은 비체계적 위험으로서 원리금의 상환이 이루어지지 않을 위험을 말한다. 하지만 채권의 발행 주체가 정부, 지방 자치 단체, 특수법인 및 상법상의 주식회사이기 때문에 안전성은 매우 높다.

시장위험은 체계적인 위험으로서 채권의 시장가격이 매입가격보다 낮아질 위험을 말하는데 이때는 채권을 만기까지 보유함으로서 시장위험을 회피할 수 있다.

2. 수익성 (Profitability)

투자자가 채권을 보유함으로서 얻을 수 있는 수익으로는 이자소득과 자본소득이 있다.

이자소득은 채권을 보유함으로서 약속된 발행이자율만큼 이자를 지급받는 것을 말하는데, 이는 어떠한 상황의 변화에도 정해진 이자지급을 보장받는다.

자본소득은 채권가격의 변동에 의하여 발생하는 시세차익을 말한다. 즉, 유통시장에서 낮은 가격으로 채권을 매입하여 채권가격이 상승하였을 경우 매도하여 자본이득을 획득할 수 있다. 반대의 경우에 자본손실을 볼 수도 있다.

3. 유동성 (Liquidity)

채권의 유동성이란 화폐가치의 손실 없이 바로 현금으로 전환될 수 있는 정도를 말한다. 화폐는 완전 유동적인데 반해 대부분의 금융자산은 화폐로 교환하는데 있어 시간을 요하거나 거래비용이 발생하는 관계로 가치의 손실을 가져오는 경우가 많다. 채권의 경우에는 유통시장이 잘 발달되어 있기 때문에 언제든지 현금화가 가능하고, 또한 당일 결제이므로 주식에 비하여 그 유동성이 뛰어나다고 할 수 있다.

5장 다시 찾게된 꿈

- 미래를 위한 여정

그때는 사채를 끌어다 써서 빚쟁이들에게 독촉과 협박을 받고 있었어요. 빚쟁이들을 피해 숨어 있다보니 그렇게 됐습니다.

그 뒤 피땀 흘려 회사를
일으켜 세우셨어요.
우정 상사

회사를 다시 일으켜 세울 수
있었던 것은 친구분 덕분이라고
늘 말씀하셨어요.

한평생 친구분을 그리워하셨어요.
회사가 좀 안정되고 나서 친구분을 찾았는데
이사하셨다는 소식만 듣고 어디로 가셨는지
찾지 못해서 얼마나 우셨는지 몰라요.

돌아가실 때까지
말씀하셨어요.
나중에라도 꼭 찾으라고
유언하셨지요.

저는 저희
아버지가
돌아가시고
나서 아버지
친구분을 많이
원망했습니다.

아버지가
친구분이 도망을
가서 배신감을
느끼고 속상해
하시다가 화병으로
돌아가셨다고
생각했거든요.

그런데 얼마전 아버지의 노트를 보고
그 진실을 알게 되었습니다.

저희 아버지께서는 친구분을 끝까지
믿었고 전혀 원망하지 않았다는 것을요.

오히려 돌아가실 때까지
친구분을 걱정하고
그리워하셨지요.

더 일찍 찾아뵙지
못해 죄송합니다.
광고를 내서라도
친구분의 아드님을
제가 찾았어야
하는데요…

저야말로 아버지와
친구분을 오해했으니,
정말 면목없습니다.

서로 오해를 풀게 되어
정말 다행입니다.

네, 너무 좋아요.

하하하..
호호..

아버지, 오늘은
아버지가 제일 반가워
하실 분과 같이
왔어요.

아버지, 그토록
그리워 하시던 친구분,
이제 마음껏
만나세요.

할아버님이
저희 두 사람을
이어 준 것이라고
생각합니다.

할아버지,
고맙습니다.

그쪽 회사 좋은 회사 맞죠? 그 회사에서 발행한 채권 믿을만 하죠? 기간은 어떻게 할까요?
채권도 장기 투자! 5년 만기로 할까요?

하하, 앞으로 정말 열심히 우리 회사를 키워 나가야겠네요. 지수 씨를 위해서!
물론이죠!

어떤 채권이 가장 좋은 채권일까요?
채권을 발행한 곳을 믿을 수 있느냐, 믿을 수 없느냐가 좋은 채권인지 아닌지를 결정하지요.

채권 발행자를 믿을 수 있다면 얼른 사세요. 저, 믿을 수 있지 않나요?

음, 얼마나 믿을 수 있을까요?

미래의 매형!
회사채 발행을
문의하고 싶은데요.

요즘 제가 사업을 확장하려고 하거든요. 큰 금액의 자금을 조달할 수 있는 좋은 방법이 바로 회사채 발행이라면서요?

하하, 그건 맞아요. 기업 입장에서 자금을 조달하는 방법은 세 가지가 있어요.
세 가지요?

은행에서 빌리는 방법, 주식을 발행하는 방법, 채권을 발행하는 방법이죠.

그런데 은행에서 돈을 빌리려면 담보가 필요하죠.
저는 담보가 없으니 안 되고, 그럼 주식은요?

주식도 한 방법이지만 채권 발행,
은행에서 빌리는 방법보다
비용이 많이 들지요.
그럼 역시
채권이군요!

회사채를 발행하려면
주식회사여야 해요.
아, 그래요?
그러면 저는
할 수 없겠네요.

자금 조달방법은
각각 장단점이
있어요.
지우 씨에게 맞는
방법을 찾아야
해요.

아야!

너무 앞서가지 말고
지금 하고 있는 거나
잘하는 게 어때?

누나가 사업에 대해
뭘 안다고 그래?

2년 후
의상
최지수
1회
정기 전시회

의상디자이너
최지수
1회
정기 전시회

언제 이렇게 준비한 거야?
우아, 대단한데!
역시 꿈을 이루었구나! 정말 대견하구나!

우리의 미래를 담았어요.

지수야, 뭐 해?
빨리와~
얼른 와.
사서님, 얼른 오세요!
모두 함께 사진 찍어요.

찰칵

채권 투자시 유의할 점

첫째

돈이 필요한 시기와 채권의 만기일을 맞추는 것이 가장 중요하다. 돈이 필요해 채권을 중도에 매도하려 할 때 채권 금리가 상승했다면 손실을 볼 수 있으므로 돈이 필요한 때에 맞는 만기일의 채권을 선택해야 한다.

둘째

안정성을 확인해야 한다. 채권을 살 때는 신용등급이 중요하다. 신용등급은 채권별 안정성을 표시한 것으로 개인 투자자들은 BBB+ 이상을 매수하는 것이 좋다. 신용등급이 낮은 회사채의 경우 금리는 높지만 잘못하면 원금을 돌려받지 못할 수도 있으니 신용등급이 높은 곳에 투자해야 한다.

셋째

원하는 시기에 현금화가 가능할지 환금성을 따져봐야 한다. 채권은 주식처럼 항상 호가가 있는 것이 아니라, 장외에서 매수한 채권을 장내에 매도할 때 내가 원하는 시기나 원하는 가격에 팔지 못 할 수도 있다. 그러므로 중도매매가 가능한 유동성이 좋은 종목이 좋다. 만일 중도매매의 필요성을 느끼지 않는 경우에는 유동성보다 안정성과 수익률을 보고 선택하면 된다.

넷째

채권의 시세차익을 위한 투자자라면 금리에 주목해야 한다. 금리가 오르면 채권의 표면 금리도 함께 상승한다. 채권 금리가 올라가면 새로 발행되는 채권이 이전에 발행된 채권보다 투자 매력이 더 높아지기 때문에 팔려는 수요가 늘고, 가격도 자연스럽게 하락한다. 반대로 금리가 떨어질 경우 이전에 발행된 채권의 가격이 올라가므로 향후 금리 인하가 예상될 경우 저가매수 전략이 유효할 수 있다.

다섯째

리스크도 생각해야 한다. 채권이라고 리스크가 전혀 없는 것은 아니다. 부도 리스크로 파산하면 휴지가 된다. 금리 리스크도 있다. 채권은 시중 금리와 반대로 움직인다.

여섯째

재테크 초보자라면 채권형 펀드에 투자하는 게 안전하다. 여러 개의 채권에 분산해 투자하는 개별 채권보다 채권 가격의 변동성이 적기 때문이다.

5권은
"ETF가 뭐예요?"에 대한
지우의 이야기가 펼쳐집니다.
기대해 주세요.